BIENVENUE À CALAIS

Les raisons de la colère

Texte Marie-Françoise Colombani   Dessins Damien Roudeau

ACTES SUD

REFUSER LA HONTE

NE LAISSONS PAS S'INSCRIRE aux frontières de la France la devise qui orne l'entrée de *l'Enfer* de Dante : "Toi qui entres ici abandonne toute espérance."

Nous nous sommes rendus plusieurs fois à Calais et notre indignation est immense. Il est insupportable que des gens exposés aux bombardements de la coalition, à la barbarie de Daesh et à la folie meurtrière de ceux qui les gouvernent subissent, chez nous, un tel dénuement. L'argument récurrent qui consiste à dire qu'accueillir les migrants, ou réfugiés de guerre, dans un lieu de vie digne de ce nom entraînerait un appel d'air est irrecevable. Pourquoi ? Parce qu'ils sont là ! On peut toujours continuer à fermer un camp, le raser, en interdire l'accès, monter des murs, dresser des barrières, réquisitionner la police, la gendarmerie, l'armée, les blindés ou autres moyens d'intimidation... on ne fera que déplacer le problème. Et les fermetures successives des différents camps depuis celui de Sangatte en 2002 l'ont prouvé. Tant que des gens seront chez eux en danger de mort, ils en partiront. Et nous en ferions autant.

En 2015, plus d'un million de réfugiés ont rejoint l'Europe par la mer et 3 735 d'entre eux ont péri ou disparu. Trois millions devraient arriver d'ici à 2017 (Organisation internationale pour les migrations). Et si l'on assiste aujourd'hui à un léger fléchissement des entrées, on sait qu'on le doit à l'hiver et qu'elles reprendront de plus belle lorsque l'état de la mer le permettra. Alors ? Aux politiques d'œuvrer pour que la sécurité revienne dans les pays dévastés et même, si c'est nécessaire, de réguler les arrivées. Mais aux citoyens que nous sommes d'exiger que l'on fasse un accueil honorable à tous ces hommes, femmes et enfants. Tentes chauffées et conteneurs installés tardivement et en nombre insuffisant ne suffiront pas longtemps à tenir à distance un flux migratoire exceptionnel et inédit. Une catastrophe humanitaire est en train de s'installer et, à défaut de l'avoir anticipée, il faut maintenant la gérer. Quant à nous, refusons la honte d'abandonner ces désespérés.

BIENVENUE À CALAIS...

SON MUSÉE DE LA DENTELLE, son hôtel de ville, son théâtre et...
ses migrants. Sans oublier en sortant de la ville, en direction de la
mer, sa jungle.

Certains parlent d'un "bidonville", d'autres d'un "camp", d'autres
encore de "la lande", mais c'est bien d'une véritable jungle qu'il s'agit.
Un lieu de misère, de danger, d'abandon et de drames où survivent
et s'entassent dans la promiscuité la plus totale plusieurs milliers
d'hommes, de femmes et d'enfants. Un lieu de colère aussi. Celle

d'un mouvement raciste local de plus en plus activiste. Celle des commerçants et des entreprises qui attribuent à la présence étrangère une baisse de leur chiffre d'affaires. Celle des bénévoles de la ville et des associations qui ne supportent plus de voir au milieu des ordures et des rats ceux auprès desquels ils s'engagent quotidiennement. Et, enfin, la colère des migrants eux-mêmes qui, au terme d'une longue route de cauchemar, se retrouvent coincés par une force armée à 30 kilomètres de l'Angleterre, cet eldorado fantasmé qui leur a donné le courage de tout endurer.

IMAGINEZ-VOUS SEUL(E) ou avec vos enfants, votre famille, vos proches... parqués sur un immense cloaque de 17 hectares dont une partie est située en zone Seveso. Ici, nous sommes au niveau de la mer, pas de sol meuble, que du sable (la voie d'accès qui y conduit se nomme d'ailleurs le chemin des Dunes) et de rares buissons. Le moindre morceau de bois mort est brûlé pour cuisiner ou se chauffer. Partout, entassées les unes à côté des autres, des petites tentes, des vieilles caravanes rafistolées avec du chatterton et dont les fenêtres sont souvent remplacées par des feuilles de carton ramolli par l'humidité. Quelques cabanes en bois aussi, montées par des bénévoles avec du matériel fourni par des associations. Et

CALCULETTE

Ils étaient dans la jungle plus de 6 000 en octobre dernier, formant ainsi en matière de population, la 3e ville du Calaisis. Grâce aux départs volontaires dans les Centres d'accueil et d'orientation (CAO), aux 1 500 places proposées dans les nouveaux conteneurs et aux 400 réservées aux femmes et aux enfants dans le centre Jules-Ferry, il devrait en rester aujourd'hui plus de 2 000 à patauger dans la boue de Calais. Sans compter ceux des camps dits "sauvages" (comme si les autres étaient civilisés !) de Tatinghem, Angres, Steenvoorde, Norrent-Fontes, Grande-Synthe, etc. Aux beaux jours, on sait que l'exode reprendra...

des bâches en plastique bleu, noir ou vert pour consolider, agrandir, isoler. Pour faire la cuisine : des petits réchauds à gaz dont la flamme frôle dangereusement les toits en tissu. Pour s'éclairer : des bougies. Nombreux sont les incendies et nombreux sont les brûlés. Ici, tout est soumis au vent qui déchire, arrache, accroche et éparpille sur les branches des arbres, les clôtures et la route, papiers, emballages, ordures, chaussures et vêtements.

"DUBLINÉ", KÉSAKO ?

Une personne "dublinée" est un réfugié qui, selon les critères du règlement européen, dit Dublin III, doit déposer sa demande d'asile dans le premier pays où il a laissé des traces de son passage. À savoir l'enregistrement de ses empreintes digitales par la police dans le fichier européen Eurodac. Ainsi, s'il veut demander l'asile politique, il doit retourner dans cet État pour déposer sa demande – ce qui l'empêche de choisir librement le pays où il souhaite s'installer. Beaucoup de migrants préfèrent abîmer ou supprimer leurs empreintes en se brûlant le bout des doigts, en le tailladant, en étalant de la colle dessus et plus si imagination.

EN NOVEMBRE DERNIER, le Conseil d'État a confirmé la condamnation de la France et de la commune de Calais, jugeant que les conditions de vie des migrants dans la jungle étaient bien de nature à les exposer à des "traitements inhumains ou dégradants". Depuis, et sans aucun lien avec cette condamnation puisque l'annonce avait été faite le 31 août par Manuel Valls, un camp pour 1 500 personnes, entouré par des grillages, s'est ouvert mi-janvier au milieu de la jungle. Depuis, 125 conteneurs chauffés et éclairés de 14 mètres carrés chacun, "spartiates mais fonctionnels", reconnaît le directeur de Jules-Ferry qui gère ce camp, accueillent dans 12 lits superposés 12 personnes (soit la royale surface de 1,16 mètre carré par individu). À l'extérieur,

80 toilettes, de simples robinets, pas de douches, et aucune possibilité de faire la cuisine à l'abri. Or, ces conteneurs sont proposés en priorité aux familles, donc avec des enfants, parmi lesquels des bébés. Les entrées et sorties y sont très contrôlées afin d'éviter toute intrusion, en particulier celle des passeurs. Les bénéficiaires sont libres de leurs mouvements le jour comme la nuit au moyen d'une identification de la "morphologie palmaire" (forme de la main associée à un code confidentiel). Pour rassurer les migrants qui, de peur d'être "dublinés", sont réticents à s'y installer, il a été précisé "qu'aucune empreinte ne sera gardée".

Pendant ce temps, Eurotunnel a inondé une partie de ses terres autour du site pour dissuader les migrants qui veulent rejoindre l'Angleterre de passer. Et pour satisfaire le port de Calais, dont l'activité économique a considérablement baissé, la zone qui touche sur 100 mètres la rocade a été dégagée, malgré plusieurs nuits d'échauffourées, des 500 personnes qui y avaient trouvé refuge. Dans un texte publié sur Internet et affiché dans le camp, le "peuple uni de la jungle" avait, sans succès, déclaré "décliner respectueusement la demande du gouvernement français de réduire la taille" du bidonville et affirmait vouloir "rester" là et être prêt à "résister pacifiquement au plan du gouvernement de détruire [nos] maisons".

IL Y A ENCORE QUELQUES MOIS, d'après une bénévole, on ramassait dans cette décharge à ciel ouvert beaucoup de mûres. Elle est même venue faire sur place des confitures avec des migrants. Aujourd'hui les rats arrivent la nuit et l'on raconte qu'après leur passage des tentes sont parfois déchirées. Partout, de l'eau stagnante et nauséabonde qui s'échappe des 89 robinets. Pas de drainage ni d'évacuation des liquides de toutes origines dans ce camp situé au niveau de la mer. Quant aux 120 latrines (pour 6 000 personnes jusqu'à la fin de l'année dernière), elles restent insuffisantes et pas toujours engageantes. Des tas de détritus, d'emballages, de restes de nourriture, de vêtements et de chaussures pourrissent sous la pluie car l'hiver est là avec le froid et les déluges. Impossible de faire sécher ses habits, alors la seule solution c'est de les porter plusieurs jours à la suite, de les jeter et d'en mettre d'autres – des montagnes de vêtements et de chaussures sont d'ailleurs à la disposition des migrants. Les associations Acted et MSF se débattent avec la gestion des ordures mais c'est le mythe de Sisyphe revisité : des dizaines de tonnes sont enlevées chaque semaine et rien ne semble changer vraiment. Au milieu de tout ça, des enfants jouent, le plus souvent livrés à eux-mêmes malgré toutes les initiatives privées pour les occuper.

Aucune loi de la République ne s'exerce dans cet enfer pour protéger les plus faibles. Seule règne la loi de la jungle : racket, prostitution, violences, drogue, viols… On raconte qu'une pancarte avec une paire de fesses accompagnée de l'information "2 euros" aurait été arrachée. Et que des mineurs isolés – dont le nombre ne cesse de grimper – disparaissent parfois, au point que des frères et sœurs ne savent pas ce qu'est devenu l'autre. Une situation générale inquiétante qui, de l'avis de tous les protagonistes bénévoles et professionnels, ne peut qu'exploser. Ce qui arrive maintenant régulièrement avec les affrontements entre forces de l'ordre et migrants ou entre migrants. Le centre de santé de Médecins du Monde, situé au milieu du camp, a déménagé après avoir été totalement vandalisé. Comme leur bus, mais en plein centre de la ville cette fois. À l'entrée du camp, la police est en place, prête à intervenir. Le devant des maisons situées le long du chemin des Dunes est souvent encombré par des cars de CRS. Il y a quelques semaines, des morceaux de barrière ont été arrachés. Pour fabriquer des barrages sur l'autoroute et forcer les camions à s'arrêter ? Ou pour faire des feux ? Sans doute les deux.

PLEASE NO TEARGAS ❤ FAMILY ! PAS DE GAZ LACRYMOGÈNE S'IL VOUS PLAÎT

TOUTES LES NUITS, parfois 2 000 à la fois, et même si les passages sont devenus très rares, les migrants essaient de monter dans les camions qui, sur l'A16, se dirigent vers le ferry effectuant depuis le port de Calais la liaison avec Douvres. Si certains, moyennant finances, sont pilotés par des passeurs (chut, ne pas les évoquer à voix haute dans le camp car ils sont maintenant nombreux à comprendre le français), beaucoup d'autres, même des femmes seules avec leurs enfants, tentent leur chance individuellement. Tous risquent leur vie et beaucoup sont morts, percutés par un camion ou électrocutés après avoir pénétré dans l'Eurotunnel (dix entre juin et juillet 2015). Parfois, dans la journée, on entend crier *"dougar !"* ("ralentissement" ou "embouteillage" en soudanais) et des dizaines et des dizaines de migrants se ruent alors vers l'autoroute. Après avoir coupé les barbelés avec des tenailles, ils prennent d'assaut les poids lourds immobilisés. Les très nombreux policiers en tenue de combat répliquent alors : jets de pierres d'un côté, canons à eau et grenades lacrymogènes de l'autre. Un spectacle de guerre.

5 janvier. Pluie de grenades lacrymo (100 par matin)
6 janvier, 7 janvier...

"ELLE S'APPELAIT SARA"

"Très pâle, très maigre mais avec un sourire éblouissant", ainsi Emma décrit Sara, sa jeune amie érythréenne de 16 ans. Quand elle la rencontre dans la jungle en 2014, elle la persuade de venir s'abriter dans le centre où elle travaille. Mais l'obsession de Sara, c'est l'Angleterre. Chaque nuit, elle tente de grimper sur un camion sous la pluie, dans le vent, au milieu du noir. Chaque matin, elle revient désespérée et épuisée. Un soir, au cours d'une petite fête, Emma la prend en photo, diaphane et souriante. Dernières images. La nuit suivante Sara est percutée violemment sur l'autoroute par un poids lourd. Emma l'a identifiée à la morgue : elle était encore plus blanche, plus maigre et le bas de son corps était complètement écrasé. Pour que Sara retourne dans son pays, un appel aux dons a été lancé sur FB par Emma. Avant que le cercueil ne soit fermé, elle a glissé les dernières photos de son amie prises le soir de la fête. Après avoir parcouru plus 11 000 kilomètres, Sara est morte à 30 kilomètres de son but.

L'AUBERGE DES MIGRANTS organise deux fois par semaine une distribution de sacs de nourriture (500 environ) donnée par des grandes surfaces. La préparation se déroule à Wierre-Effroy, à une trentaine de kilomètres de Calais. Dans un hangar prêté par Christiane et Henri-Philippe, les propriétaires d'une petite maison blanche située en contrebas, c'est l'effervescence: tri entre les bananes et les pommes mûres, vertes ou pourries, le pain ou les viennoiseries plus ou moins rassis. Aujourd'hui, cette association créée en 2008 ne distribue plus de repas chauds, les longues attentes provoquaient parfois des émeutes. Son budget, en baisse, est maintenant en grande partie consacré à la distribution de bouteilles de gaz (600 euros par semaine), de vêtements et à la construction de cabanes en bois.

L'État, *via* la Vie Active qui gère le centre Jules-ferry, offre dans
l'enceinte de ce centre 2 500 repas une fois par jour (n'oublions
pas que le nombre de migrants a dépassé les 6 000 il y a quelques
semaines). D'après les autorités, les calories qu'ils représentent
correspondraient à la ration journalière nécessaire à un
adulte. Nécessaire, peut-être, mais alors pas du tout suffisante au vu
des queues interminables devant les camionnettes des associations qui
distribuent des repas sous la pluie ou dans le vent.

LAÎT, nous voulons juste aller en Angleterre." Mais
: veut pas d'eux! Bizarrement, l'État français est
aujourd'hui à Calais le garde-chiourme de ce pays qui, rappelons-le,
ne fait pas partie de l'espace Schengen et dont les zones de contrôle
frontalier pour l'Eurotunnel sont situées en France. Cette destination
n'est quasiment jamais remise en question par les migrants.
Pourquoi ? Plusieurs raisons. D'abord la connaissance de l'anglais qui,
parfois, fait office de langue administrative dans le pays d'origine. Les
liens familiaux ensuite. Une enquête du Secours catholique montre
que 38 % des migrants ont un membre de leur famille installé au
Royaume-Uni et que 49 % choisissent cette destination pour suivre
les conseils de leur communauté. Le fait encore que, exception

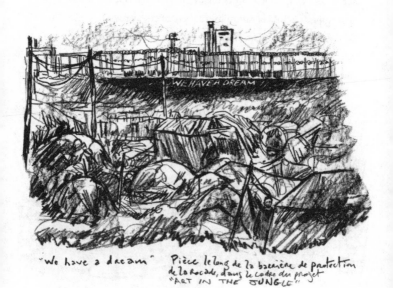

"We have a dream"   Pièce le long de la barrière de protection
de la Rocade, dans le cadre du projet
"ART IN THE JUNGLE"

WELCOME AILLEURS

Le gouvernement français s'est engagé auprès de la Commission européenne et du Haut-Commissariat aux réfugiés (HCR) à "relocaliser", d'ici à la fin 2017, un peu plus de 30 000 réfugiés entrés en Europe par les fameux hot-spots (centres d'enregistrement) en Italie et en Grèce. Un millier seulement sont arrivés en France aujourd'hui. Autre promesse, celle qui a été faite à l'Agence des Nations unies pour les réfugiés : récupérer 2 375 réfugiés dans le pays du premier exil et les installer en France. Seuls 19 Érythréens – et bientôt 150 autres de plusieurs nationalités – en provenance de la Grèce ont été accueillis à ce jour. En 2016, le gouvernement français a donc du pain sur la planche.

partagée en Europe avec le Danemark, il n'y a pas de carte d'identité en Angleterre. Et enfin, l'idée que, là-bas, le travail clandestin est facile à trouver – ce qui a été d'ailleurs confirmé en décembre dernier par une enquête de la BBC effectuée avec une camera cachée. Sans même parler des fausses informations qui, par exemple, font poser cette question à ce père de famille irakien : "Quand est-ce que les Anglais viennent nous chercher ?"

FAUTE DE POUVOIR rejoindre l'Angleterre, les migrants sont de plus en plus nombreux à se sédentariser et, pour vivre, à s'organiser. Ainsi une économie souterraine se développe à grande vitesse et, le long de chemins en terre plus ou moins malmenés et inondés, prolifèrent de multiples échoppes. Comme dans le décor classique d'un western, un homme coiffe sous une tente et, à côté, un autre rase... Des épiceries proposent des produits courants ou typiques. Un boulanger afghan a d'ailleurs eu les honneurs de la presse locale pour son pain qui est délicieux. Sous des structures en bois plus solides, beaucoup de restaurants aussi. Plus une église, une mosquée, etc. L'envers du décor est moins pittoresque. La plupart des "commerçants" se sont endettés auprès de passeurs ou de ce qu'on appelle la "mafia de Dunkerque".

Boulangerie
d'Ajhab Khan.

CE SOIR, séance de cinéma sous le dôme blanc, nommé aussi "Good Chance Theatre" par des artistes britanniques qui en sont à l'origine. En attendant le début du film, ça danse et ça chante. Musique derbourka. Que des hommes. Le générateur ronflotte. Imperturbable, Dominique, un bénévole qui vient six fois par semaine projeter un film dans la jungle, installe son matériel donné par une association catholique américaine. Après avoir gravé des films sur son ordinateur, cet ingénieur informatique à la retraite colle des sous-titres anglais, arabes et, quand ils existent, farsis – une langue qu'il pratique couramment pour avoir longtemps travaillé en Iran. Ce soir-là, un homme se met devant l'écran et crie en faisant le pitre une phrase qui fait hurler de rire l'assemblée : "Cette nuit tout le monde passe en Angleterre !" Jackie Chan, le mythe du kung-fu, apparaît. Les sous-titres valsent un peu sous les images et parfois, s'ils sont trop longs, disparaissent, mais qu'importe, la salle s'est remplie maintenant d'au moins 300 hommes enthousiastes. À la fin de la séance, applaudissements et remerciements. Les migrants se dispersent, le générateur s'éteint, le matériel est replié dans le noir. Dehors, les lumières en provenance de l'autoroute, à une petite centaine de mètres de là, vont bientôt commencer leur travail d'attraction.

Nadine & Dominique
(Dom-Dom & Nana)
Bénévoles

VA, VIS ET DEVIENS

Il est arrivé un après-midi de septembre 2015 dans le local
d'une association, accompagné par un jeune homme, soudanais
comme lui. C'est un petit garçon de 10 ans qui ne parle qu'arabe
et qui pleure. Il aurait perdu la trace de ses parents en Égypte
dans une bousculade au moment de monter dans un bateau.
Un groupe de compatriotes l'aurait pris alors en charge et
accompagné jusque-là. Son portrait va être imprimé et placardé
dans la jungle. Grâce à un migrant, le contact est pris avec son
père à des milliers de kilomètres de là : "Gardez-le jusqu'à ce que
l'on arrive", dira ce dernier. Le soir même, l'enfant a retrouvé le
sourire en étant hébergé chez M, une salariée de l'association,

connue pour son humanité et sa générosité et qui parle aussi arabe. Après deux tentatives ratées de placement dans une famille d'accueil et devant l'insistance de l'enfant, sa tutelle a été confiée officiellement, et en quelques jours à peine, à M, la salariée de l'association. Aujourd'hui, il va à l'école, parle déjà bien français et c'est devenu un petit garçon comme les autres. Il ne raconte jamais rien sur sa famille sauf qu'il est l'aîné de plusieurs petites sœurs. À son arrivée, dans son sac à dos, il n'y avait que des habits neufs. Le jeune homme qui l'accompagnait était-il un passeur ? Le nom de M avait-il circulé jusqu'au bout du monde ? Ses parents n'auraient-ils jamais quitté le Soudan ? Peut-être que sa mère l'a embrassé en partant et lui a simplement murmuré : "Va, vis et deviens."

VIRGINIE

AU MILIEU D'UN SENTIER en terre, à gauche en rentrant dans la jungle : "l'école laïque du chemin des Dunes", imaginée depuis juillet 2015 par Virginie Tiberghien, une orthophoniste, et Zimako. Sous des structures en bois construites par ce réfugié nigérien et des volontaires anglais, français et allemands, une trentaine de bénévoles se succèdent tous les jours pour assurer des cours aux adultes et aux enfants – plus d'un millier depuis l'ouverture. Pour les premiers, c'est l'apprentissage d'une langue qui prime, en priorité l'anglais. Pour les seconds, de plus en plus nombreux, c'est surtout des jeux, des livres, des

École (français) قوتابخانه (kurde)
School (anglais) مدرسة (arabe) پوونجی (tigrinya) اسکول (ourdou)

École laïque du chemin des Dunes

dessins, de la pâte à modeler
ou des histoires qui sont
proposés. Il est difficile, voire
impossible, de prodiguer
un enseignement structuré
classique à des enfants en
mode de survie qui, souvent,
disparaissent avec leurs
parents au bout de quelques
jours. Chaque dimanche, deux jeunes

Zimako.

avocates parisiennes, Lou-Salomé Sorlin et Marie-Charlotte Fabié,
dispensent une information juridique précieuse et rare. Un autre
centre de conseils, organisé dans le camp par le mouvement de
"l'appel des 800", sera aussi bientôt opérationnel.
Derrière l'église, la Jungle Books (bibliothèque et école) a pris de
l'ampleur depuis son ouverture en août 2015. La fréquentation est de
plus en plus importante dans ces quatre espaces faits de plastique et de
bois, chauffés et éclairés comme partout ailleurs par des poêles à bois
ou à gaz et des groupes électrogènes.

L i s e

Arrivée dans la jungle en caravane à l'été 2015
pour livrer du bois, Lise est restée et a fondé
l'Unofficial Woman Center, un lieu non mixte
réservé à l'accueil des femmes et des mères,
avec leurs enfants. Sa caravane sert désormais
deux fois par semaine de salle de consultation
pour "Gynécologues sans frontières".

Christiane se
gare une fois par
semaine, le Samedi,
sur le chemin des Dunes,
qui longe le camp.
Coffre ouvert
sur des étagères
à tiroirs sur
mesure qu'elle
a bricolé elle-
même, elle
pioche les
médicaments
de base (
aspirine,
expectorant,
sérum physio...)
et réalise de
la bobologie.
Les médicaments
sont fournis
par Shaim,
pharmacien
de l'association
indo-malgache
Paris Yaar Club.

(Bénévoles
à l'École laïque)

Lou-Salomé SORLIN

MARIE-Charlotte FABIE
Avocat au barreau de Paris.

SANS LES BÉNÉVOLES, dont beaucoup sont calaisiens, le camp serait mortifère. C'est eux, seuls ou avec des associations, qui distribuent soins, nourriture, matériel de construction, vêtements... Mais aussi consolation et affection. Poignées de mains, accolades, embrassades... Thé partagé dans les caravanes, sous les tentes, accroupis ou assis par terre. Vraie nuit passée dans un vrai lit sous un vrai toit. Douche chaude, lessive, repas en famille autour d'une table... des liens très forts se tissent. L'humanité existe encore, on l'a aussi rencontrée à Calais.

Laurence
orthophoniste
prof bénévole
à la children'school

MARIAM (Secours Catholique)
GUEREY

HIBERNATION OU TRÊVE HIVERNALE

Depuis peu, 78 Centres d'accueil et d'orientation (CAO),
ou "centres de répit", sont proposés aux réfugiés dans toute
la France jusqu'à la fin de l'hiver. Nourris, logés et chauffés,
ils pourront s'y reposer, y demander l'asile politique ou y
réfléchir. Mais l'information a du mal à se diffuser et des
rumeurs, plus ou moins fondées, circulent à grande vitesse
dans le camp pour décourager les gens de partir. Pourtant,
2 000 d'entre eux auraient accepté le transfert qui s'effectue
en bus deux fois par semaine, mais on ne sait pas combien
en sont déjà revenus et, surtout, aucun officiel ne répond à
la question légitime que tous, migrants et associations, se
posent : que deviendront-ils à la fin de la trêve hivernale ?

EN BOUT DE JUNGLE et au terme du chemin des Dunes se dresse depuis avril 2015 le centre Jules-Ferry, entouré de grillages et bien gardé. Impossible d'y entrer sans autorisation, donc visite guidée.

– À gauche, à partir de 9 h 30, l'accueil de jour est ouvert à tout public ; dans les faits, essentiellement masculin. Sous trois préaux couverts : 400 prises pour recharger les portables et une sorte de lavoir pour laver son linge à la main. Les seules douches de la jungle sont ici : 60 pour parfois 6 000 personnes. Elles sont réglées automatiquement à 6 à 8 minutes chacune, après une ou deux heures d'attente et la prise obligatoire d'un ticket. C'est dans la cour de cet ancien centre aéré que se fait une fois par jour, entre 15 heures et 17 h 30, la distribution des 2 500 repas ouverte à la totalité des migrants du camp. Plus loin, les tentes de MSF, et régulièrement le bus de "gynécologues sans frontières".

– À droite en entrant et fermé à clefs, le centre d'accueil pour femmes et enfants, accessible 24 heures sur 24 en sonnant à la porte. Sa capacité d'accueil est passée de 100 à 300 personnes, puis à 400 aujourd'hui. Au

fil du temps, les séjours temporaires sont devenus permanents. Aux premiers modulaires se sont ajoutées des tentes chauffées qui, très vite, ne l'ont plus été assez. De nouveaux modulaires sont alors arrivés et les tentes sont devenues, par nécessité, davantage chauffées. En résumé, c'est une population exclusive de femmes seules, ou avec leurs enfants, qui sont contraintes, mais pas forcés, de demeurer ici. Pour elles, comme pour l'ensemble des migrants du camp, le but était le Royaume-Uni. Certaines attendent l'aboutissement interminable de formalités pour rejoindre un membre de leur famille, d'autres les résultats d'une demande d'asile politique, d'autres encore espèrent toujours un passage clandestin et le tentent régulièrement malgré l'immense danger. Quelques machines à laver et à sécher le linge, des repas trois fois par jour, une grande cuisine pour retrouver le plaisir de cuisiner comme

au pays, une équipe chaleureuse, souriante, affectueuse et dévouée...
Et pourtant. Toutes ces femmes sont découragées, voire désespérées.
Toutes ont en mémoire les conditions horribles dans lesquelles elles
sont arrivées. Et toutes, sous les sourires et les bavardages, laissent
deviner l'ampleur de la gravité du renoncement. Celles qui ont leur
mari dans le camp vont régulièrement les voir. Sinon, ce sont eux qui
viennent sonner pour passer un moment ensemble à l'extérieur. Les
enfants de leur côté traînent, désœuvrés, ou jouent sous une tente, avec
Nana, une artiste calligraphe et aquarelliste qui vient plusieurs fois
par semaine les occuper avec ses crayons de couleurs. Par terre, dans la
cour, un ballon embourbé, un vélo abandonné et des balançoires au
chômage sous la pluie.

Une famille Libyenne

Ils se sont présentés vers 17h au centre
Jules Ferry, avec leurs trois enfants
(dont un bébé de 5 mois). Ils ont traversé
la mer, puis l'Italie en train. Ils ont tout
laissé en Libye où le père, cuisinier, était
menacé pour avoir travaillé pour un dirigeant
de l'ancien régime. La nuit tombe, les
hommes ne sont pas acceptés dans le centre.
Il repart dans la jungle, où il ne connaît
personne mais parie sur la solidarité
de sa communauté. Ils vont demander
l'asile politique en France.

DEUX ADOS SUR LA ROUTE

Ils sont kurdes et frère et sœur, ils ont 16 et 14 ans. Après l'assassinat de leur père en Irak, ils se sont réfugiés en Syrie avec leur mère et leur grand-mère, puis en Turquie. Les deux femmes ne s'entendant pas, la grand-mère a voulu les garder quand leur mère a immigré en Angleterre avec les trois autres enfants. Quand la vieille dame est morte, ils ont vendu ses quelques bijoux et payé un passeur pour rejoindre leur mère qu'ils n'ont pas vue depuis sept ans. Leur traversée de la Turquie a duré 25 jours, sans possibilité de se laver. Dans le bateau en bois qui les a emmenés en Grèce, ils étaient plus de 150, sans compter ceux qui étaient entassés dans un pneumatique traîné derrière eux. Beaucoup de ceux qui tombaient à la mer essayaient, en vain, de s'accrocher à la petite embarcation. De nombreux enfants sont morts noyés sous leurs yeux. Mais aujourd'hui terminus à Calais avec l'impossibilité totale de rejoindre le Royaume-Uni. Après trois mois passés seuls dans la jungle, leur épuisement physique et moral était tel, qu'aujourd'hui, un couple de bénévoles les héberge – illégalement. Marie-Charlotte Fabié et Lou-Salomé Sorlin, les deux jeunes avocates françaises, s'occupent de leur passage, légal. En effet, l'article 8 du règlement du 26 juin 2013, ou Dublin III, précise en effet que : "Si le demandeur est un mineur non accompagné, l'État membre responsable est celui dans lequel un membre de la famille, ou les frères ou sœurs du mineur, se trouve légalement, pour autant que ce soit dans l'intérêt supérieur du mineur." Si cet article était appliqué de nombreux drames seraient évités.

ÉCLATS DE VIES

Elle a 25 ans, elle est érythréenne. Elle s'est enfuie avec une amie qui est morte pendant la traversée du désert de Libye. C'est elle qui l'a enterrée.

Cette maman tente régulièrement de passer en Angleterre la nuit avec ses deux enfants. Parfois, quand elle les habille pour partir, ils hurlent. Ils ont peur des CRS. Ils ont subi les gaz lacrymogènes plusieurs fois.

Elle ne peut plus dormir, elle ne parle à personne.

Elle est afghane. Elle a fait des études universitaires. Avec son frère, elle s'est enfuie en Iran. Il a été écrasé par une voiture. Elle a fait seule la route pour rejoindre l'Angleterre.

Parce qu'elle est syrienne, les passeurs lui demandent 3 000 euros pour rejoindre l'Angleterre. Pour une Érythréenne, c'est 700 euros. Ni l'une ni l'autre n'ont de quoi payer.

Elle est afghane. Elle vit seule avec ses quatre enfants dans une vieille caravane au milieu de la jungle. Prof à la fac de Kaboul, elle parle très bien anglais. Elle ne veut jamais rien demander. Ses voisins le savent. Quand il y a une distribution, ils lui rapportent toujours quelque chose pour manger.

Elle a rencontré un compagnon pendant le voyage. Immobilisé, il n'a pas pu la défendre quand elle a été violée sous ses yeux. Il l'a quittée ensuite.

Elle est soudanaise, son mari est en prison. N'ayant plus aucune nouvelle de sa fille de 18 ans qui a été kidnappée, elle a fui avec ses deux autres filles de 15 et 6 ans.

C'est une Érythréenne de 19 ans qui se prostitue depuis l'âge de 15 ans. Elle a laissé au pays une petite fille. Régulièrement, elle vient se réfugier au centre Jules-Ferry pour se protéger de son mec/mac qui la bat. Puis elle repart dans la jungle. Pourquoi ne le dénonce-t-elle pas? On raconte que les deux enfants d'une femme qui l'a fait, ont été ensuite assassinés au pays.

Pendant les vacances de Noël, une association a emmené des enfants qui n'étaient pas sortis de la jungle voir les illuminations de la ville. Heureux et surexcités, ils criaient dans la voiture, en farsi : *"Biroun jungle ! Biroun jungle !"* "On quitte la jungle ! On quitte la jungle !"

Elle est afghane. Elle s'est enfuie avec son mari et ses deux enfants. Sur le bateau qui les emmenait en Grèce, on lui a ordonné de faire taire son bébé sous peine de faire repérer l'embarcation. Elle l'a serré très fort contre elle, il est mort étouffé. Elle n'a pas voulu jeter son corps à l'eau. La nuit, pendant son sommeil, le passeur l'a fait. Il s'est trompé : c'est sa petite fille qui est partie à la mer.

Elle a filmé son voyage en bateau et montre sur son portable les deux personnes malades qu'elle a vu jeter par-dessus bord. Elle ne se résout pas à effacer sa vidéo.

Il a 5 ans, il part régulièrement la nuit avec son père pour tenter de passer de l'autre côté de la Manche. Il raconte : "Je faisais dodo dans le camion, j'ai cru que c'était papa qui m'a réveillé très fort. Mais c'était la police."

Il est syrien et il est "dubliné" : il a déposé ses empreintes en Grèce. "On" lui a dit que, d'après le règlement Dublin III, il devra demander l'asile politique dans ce pays. Anticipant cette menace, il s'est profondément brûlé le bout des doigts pour effacer ses empreintes. Avec le froid, des crevasses sont apparues.

Pendant longtemps, toutes les nuits cette jeune maman soudanaise est partie avec ses trois petits enfants. Elle revenait le matin en pleurant, son dernier, un bébé, accroché dans le dos. Depuis quelques semaines, elle n'essaie plus. Elle est prostrée dans son lit.

Ce jeune Éthiopien qui a perdu son frère a séjourné longtemps dans le camp de Norrent-Fontes... Après de très nombreux essais pour passer en Angleterre, il est revenu à Calais. La nuit même de son retour, il a encore tenté le passage. Au petit matin, désespéré, épuisé et sans doute drogué, il s'est endormi dans sa tente et ne s'est pas réveillé. Ses chaussures n'avaient plus de lacets. La police les lui avait pris pour qu'il ait du mal à marcher s'il quittait la jungle.

Ce jeune Érythréen a vu son frère tomber du bateau dans la Méditerranée. Il se souvient de ses bras sortant de l'eau, puis disparaître. Il n'a rien pu faire.

Elle a tout laissé au pays dont son fils de 3 mois. Aujourd'hui, elle essaie de le retrouver. Cette jeune femme souriante, généreuse et pleine d'espoir est maintenant dépressive et suicidaire.

Il est kurde, un camion lui est passé dessus sur l'autoroute. Ses amis disent que le véhicule l'a fait exprès. Lui, il dit seulement regretter de n'avoir plus qu'une seule jambe.

C'est une gentille grand-mère. Elle est arrivée avec l'unique fils qui lui reste et qui, lui, vit dans la jungle. Daesh a tué toute sa famille et la seule prononciation du nom de l'État islamique provoque chez elle des pleurs et des crises d'angoisse. La dernière était tellement grave que les pompiers l'ont conduite à l'hôpital.

Ce petit garçon est seul dans la jungle. Ses parents sont passés en Angleterre après l'avoir confié à un adulte. On n'en sait pas plus. Il a 4 ans.

Il a 22 ans, il est érythréen. Dans son pays, ils sont venus le prendre de force pour le service militaire. On l'a fait ramper dans des ronces, marcher sur des braises et on l'a forcé à se mettre à genoux devant des gens immobilisés derrière lui. Quand on les a exécutés, leurs corps lui sont tombés dessus. Il a senti leur sang chaud couler dans son dos.

Quand elle a quitté la Grèce, elle était avec une Afghane et ses deux enfants. Sur la route, le petit groupe a été logé dans un camp de baraques Algeco où les repas étaient servis de l'autre côté de la ligne de chemin de fer. En traversant, la maman s'est fait écraser avec ses enfants, l'un en poussette et l'autre trottinant à côté d'elle. Elle ne sait pas si le mari a pu être prévenu. Il est toujours bloqué en Grèce.

Un jeune garçon a été découvert par son petit frère, acceptant des "gâteries" pour les protéger (des passeurs ou autres). De honte, il a totalement disparu une fois qu'ils sont arrivés en Angleterre !

Elles sont mineures et, à la suite d'un viol, enceintes. À leur demande, on leur a proposé une IVG médicamenteuse. Pour les laisser choisir, on leur a donné à chacune un verre d'eau avec la pilule. L'une, après un geste de la croix, n'a pas hésité. L'autre, qui a beaucoup pleuré avant de se décider, a été recueillie par une bénévole car le médecin a prévenu qu'elle était "cousue" et que l'expulsion serait peut-être difficile. Dans la nuit, il a fallu la conduire aux urgences, où elle est encore.

Elle partage une petite tente avec son jeune frère mais elle a peur d'en sortir. Son rêve immédiat c'est de prendre une douche, elle ne sait plus depuis combien de jours elle ne s'est pas lavée. Une bénévole va la conduire chez elle .

Elle a 7 ans, elle est kurde d'Irak et elle dessine. "Comment on dit ça en anglais ?" demande-t-elle à la traductrice en montrant une montagne, puis un arbre, puis une maison. "Et ça ?", dit-elle devant un gribouillis. Des barbelés. Sa parole se libère. Elle raconte le bateau pour 50 où ils se sont entassés à 100, les grandes personnes et les enfants noyés, les tirs à la frontière entre la Macédoine et la Hongrie, la peur dans un fossé, dans le camion. Elle ne pleure jamais.

Ce jeune Iranien a été mis en prison dans son pays et torturé après une manifestation d'étudiants. Son père a été exécuté. Arrêté sur la rocade à Calais, une nuit où il essayait de monter dans un camion, il a été acheminé en avion vers un centre de détention à Nîmes. Pendant tout le voyage, il a cru qu'on allait le jeter dans les airs. Toutes les nuits, il fait des cauchemars et hurle.

Quand ils ont pris le bateau, ils étaient un groupe de 30 personnes. Ils se connaissaient tous. Ils ne sont plus que quatre, les autres se sont noyés.

Mariame est avocate en Syrie. Son mari et son fils aîné ont été tués. Elle raconte que Daesh menace encore plus les femmes qui travaillent. De peur que son fils soit enrôlé elle s'est enfuie avec lui.

Calais, 15 janvier 2016

Marie-Françoise Colombani remercie très fort :
Mariame, Samad et Mohamed pour leur histoire plus belle qu'au cinéma
Nadine et Dominique pour leur pizza le jour 1
Marie-Claire pour sa disponibilité
Anne et son orchestre pour leur maison ouverte à tous, toujours
Emma pour toutes ses histoires
Carine pour son accueil
Amin pour sa force tranquille
Alzira pour son humour
Bruno pour sa bonne idée

À toutes les femmes migrantes qui sourient pour ne pas pleurer.
À leurs enfants, pour que le mot "demain" prenne enfin du sens.

Tous les droits d'auteur et bénéfices iront à l'Auberge des Migrants qui en reversera une partie à l'École laïque du chemin des Dunes. Pour plus d'informations sur ces deux associations :

www.laubergedesmigrants.fr
L'Auberge des Migrants
BP 70113
62102 CALAIS cedex
06 78 02 05 32

Et l'École laïque du chemin des Dunes uniquement sur sa page FB, où l'on peut aussi obtenir la liste des associations qui travaillent dans le camp.

Vous pouvez signer la pétition "L'appel des 800" sur ce site :
www.change.org

Prémaquette : Damien Roudeau

Conception graphique et mise en pages :
Sophie Grange, Cathy Fatou-Henry, Cathy Fantini

Couverture : Silvia Alterio

Achevé d'imprimer
en février 2016
par l'Imprimerie Floch, à Mayenne
pour le compte des éditions Actes Sud,
Le Méjan, place Nina-Berberova
13200 Arles

Dépôt légal
1re édition : février 2016
N° impr. : 89432
(Imprimé en France)